Körpersicherheitsbuch für Kinder von Tim

Adrian Laurent

Dieses Buch gehört:

Hallo! Ich bin Tim. Meistens macht mir die Schule Spaß und ich fühle mich sicher. Aber heute fühlte ich mich durch etwas unwohl und unsicher.

Meg hat mich umarmt. Normalerweise mag ich Umarmungen, aber nicht heute. Es war mir unangenehm. Ich kenne die Gefühle die mir zeigen, dass ich unsicher bin oder mich unwohl fühle. Mein Herz schlägt schnell, meine Hände zittern und mein Magen dreht sich um. Manchmal zittern meine Beine oder ich habe das Gefühl, ich müsste gleich weinen.

Mein Körper gehört mir. Er ist mein Eigentum und ich entscheide, wer mich berührt. Ich sagte: „Hör auf, ich mag das nicht!" Meg hörte auf. „Ich will jetzt nicht umarmt werden. Lass uns lieber ein High-Five machen."

„Ok", sagte Meg. Zuerst haben wir uns verpasst und gelacht.

Dann haben wir es noch einmal versucht und vor Freude gejubelt.

Mein Körper gehört mir. Wenn mich jemand berührt und ich es nicht möchte, sage ich ihm: „Hör auf. Ich mag das nicht." Aber später berührte mich jemand und als ich „Stopp!" sagte, hörte er nicht auf.

Während des Mittagessens hat Jack mich gekitzelt. Er ist älter und größer. Ich wollte, dass er aufhört zu kitzeln, aber ich hatte Angst davor, ihm zu sagen, er solle aufhören. Ich weiß, dass mein Körper mir gehört. Also habe ich es ihm gesagt, obwohl ich Angst hatte. „Hör auf, ich will es nicht", Jack hörte nicht auf.

Endlich hörte Jack auf zu kitzeln. Aber er hörte nicht auf mich und das hat mich unsicher gemacht. Ich weiß, dass ich es einem Erwachsenen in meinem Sicherheitskreis sagen sollte, wenn ich Stopp sage und die Person nicht auf mich hört.

Mein Sicherheitskreis besteht aus einer Gruppe von Erwachsenen, die ich kenne und denen ich vertraue. Ich entscheide auch, ob mich Menschen aus meinem Sicherheitskreis berühren dürfen. In meinem Sicherheitskreis sind meine Mutter, mein Vater, mein Lehrer, Herr Brown und meine Nachbarin, Frau Green. Wer gehört zu deinem Sicherheitskreis?

Ich habe meinem Lehrer, Herrn Brown, erzählt, dass Jack nicht auf mich gehört hat. Herr Brown sagte, ich hätte das Richtige getan. Jack war auch nicht ärgerlich. Er wusste nicht, wie ich mich fühlte, aber er hätte mich fragen sollen.

Unter meiner Unterwäsche befindet sich mein Intimbereich. Niemand darf meinen Intimbereich berühren. Ich benutze für ihn richtige Namen wie Penis oder Po, damit ich über ihn sprechen kann. Meine Schwester sagt Schamlippen, Vulva und Po. Auch mein Mund ist ein privater Bereich.

Abends wasche und trockne ich meinen Intimbereich selbst. Manchmal machen es Mama oder Papa, aber sie fragen mich zuerst.

Mein Körper gehört mir. Ich entschiede, wer mich berührt und ich fühle mich sicher und selbstbewusst. Wenn ich nicht berührt werden möchte, sage ich: „Stopp! Ich mag das nicht." Wenn ich Hilfe brauche, frage ich einen Erwachsenen aus meinem Sicherheitskreis. Genau wie bei mir, gehört dein Körper dir. Du entscheidest, wer dich berührt und wann. Du entscheidest. Du bist selbstbewusst. Du bist sicher.

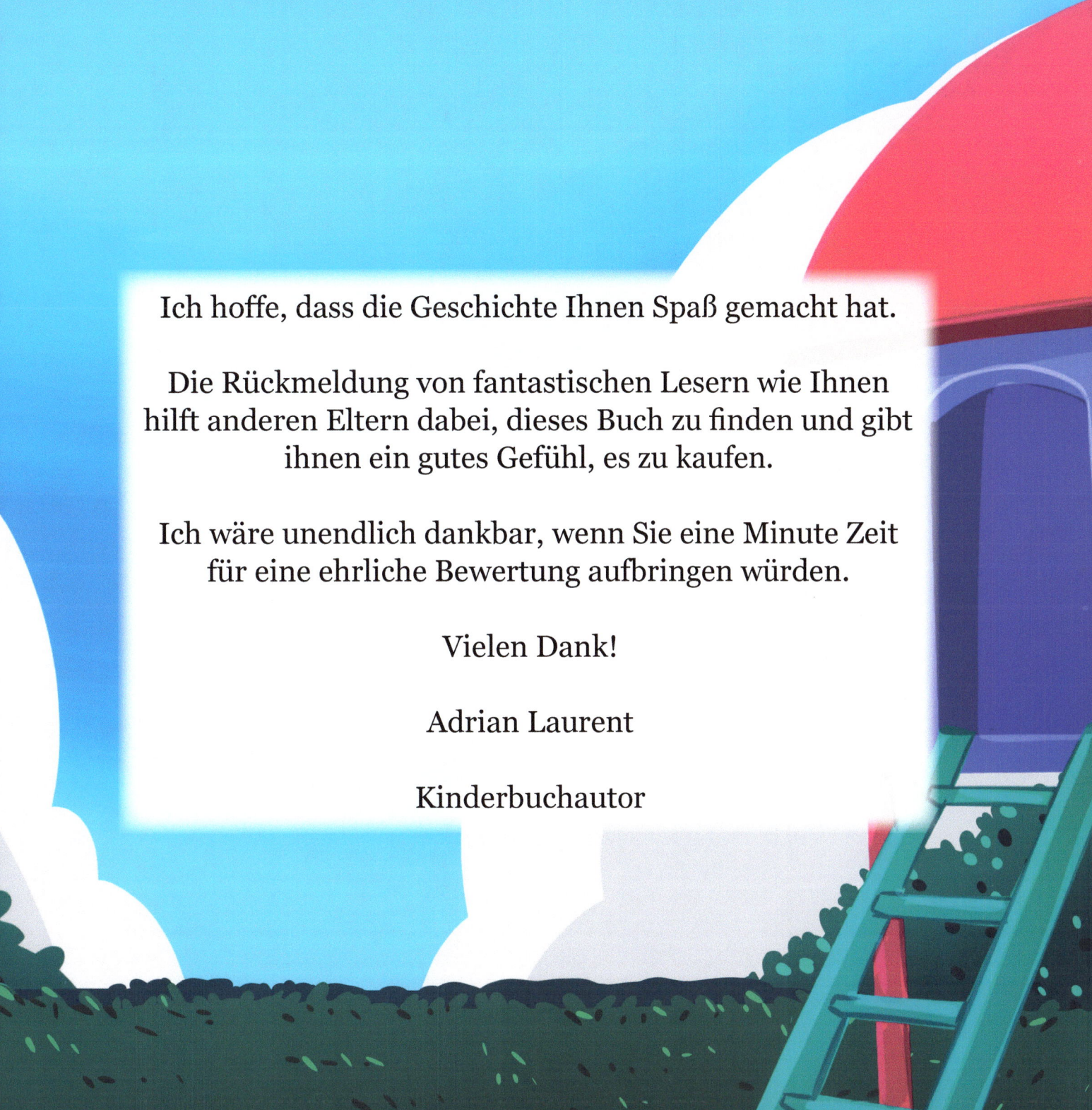

Ich hoffe, dass die Geschichte Ihnen Spaß gemacht hat.

Die Rückmeldung von fantastischen Lesern wie Ihnen hilft anderen Eltern dabei, dieses Buch zu finden und gibt ihnen ein gutes Gefühl, es zu kaufen.

Ich wäre unendlich dankbar, wenn Sie eine Minute Zeit für eine ehrliche Bewertung aufbringen würden.

Vielen Dank!

Adrian Laurent

Kinderbuchautor

WUT BERUHIGEN

JACK IST WÜTEND

WACHSTUMSMENTALITÄT FÜR KINDER

TIMS KLEINKIND-WUTANFALL-GESCHICHTE

HÖR AUF ZU SCHLAGEN, TIM!

KÖRPERSICHERHEITSBUCH FÜR KINDER

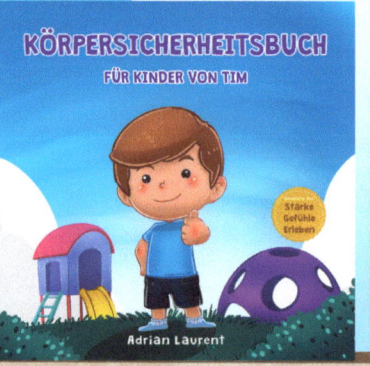

KÖRPERSICHERHEITSBUCH FÜR KINDER VON TIM

FRUSTRIERT, ÄRGERLICH UND WÜTEND

VIELFÄLTIGKEITSBUCH FÜR KINDER

VIELFALT IST UNSERE SUPERKRAFT

ANGST- UND SORGENBUCH FÜR KINDER

ICH KANN MIT MEINER ANGST UMGEHEN

KÖRPERGRENZEN UND ICH

Sammle sie alle

www.ingramcontent.com/pod-product-compliance
Lightning Source LLC
Chambersburg PA
CBHW041601120626
46551CB00002B/276